SUPERESTRELLAS DEL BÉISBOL

BARTOLO COLÓN

A LA CUMBRE!

¡Bartolo regresa más fuerte que nunca a jugar con Los Yankees!

2011

Viaja a la República Dominicana para una cirugía en su hombro.

2009

Bartolo queda libre de contrato.

2007

Colón se muda a Los Expos de Montreal.

2002

Juega su primer temporada con las Grandes Ligas.

1997

Los Indios de Cleveland firman contrato con Bartolo.

1993

Bartolo Colón nace en Altamira en la Republica Dominicana.

1973

Mason Crest
370 Reed Road
Broomall, Pennsylvania 19008
www.masoncrest.com

Impreso y encuadernado en Estados Unidos de América

Primera Impresión
9 8 7 6 5 4 3 2 1

Library of Congress Cataloging-in-Publication Data

Rodríguez Gonzalez, Tania.
 [Bartolo Colón. Spanish]
 Bartolo Colón / by Tania Rodriguez.
    p. cm.
 Includes bibliographical references and index.
 ISBN 978-1-4222-2634-6 (hardcopy : alk. paper) – ISBN 978-1-4222-2617-9 (series hardcopy : alk. paper) – ISBN 978-1-4222-9125-2 (ebook : alk. paper)
 1. Colón, Bartolo, 1973–-Juvenile literature. 2. Hispanic American baseball players-Biography–Juvenile literature. 3. Baseball players–United
States–Biography–Juvenile literature. I. Title.
 GV865.C6438R6318 2013
 796.357092–dc23
 [B]
                                        2012024282

Harding House Publishing Services, Inc.
www.hardinghousepages.com

RECONOCIMIENTOS GRÁFICOS:
Andre Blais I Dreamstime.com: p. 9
Conde I Dreamstime.com: p. 6
Josh Hallett: p. 10
Keith Allison: p. 17, 25, 27
Luis Silvestre: p. 7
Mangin, Brad: p. 1, 2, 15, 16, 18, 20, 22, 24, 28
Peter Lewis I Dreamstime.com: p. 4
Todos las tarjetas de béisbol cortesía a la colección de Dennis Purdy.

BARTOLO COLÓN

Capítulo 1

BÉISBOL, LA REPÚBLICA DOMINICANA, Y BARTOLO COLÓN

Bartolo Colón ha tenido una gran carrera en el béisbol. Ha lanzado en el *Juego de Las Estrellas* y en los juegos de invierno; ha ganado premios y millones de dólares. Muchos otros beisbolistas apenas sueñan con las cosas que ha hecho este jugador en el deporte.

Su camino en las Grandes Ligas empezó hace muchos años . . . en el pequeño pueblo en que nació. Fue su tierra natal la que le ayudó convertírse en el sorprendente deportista que es hoy. Deseaba jugar en las Grandes Ligas desde que era un niño y hoy está viviendo su sueño. Pero como muchos beisbolistas dominicanos, ha tenido un duro camino por recorrer.

Béisbol Dominicano ... Lo Bueno y lo Malo

Imagine que es un día caliente y soleado en la Isla. Una multitud de espectadores alrededor del diamante que alguna vez fuera un sembradío de caña, observando el juego de prueba para que los chicos tengan la oportunidad de jugar un día en las *Ligas Mayores*. Niños pequeños se amontonan atrás de las vallas, asomándose por las cerraduras y soñando con un día tener la oportunidad de salir al campo. Los *cazatalentos* observan cuidadosamente, comentando entre ellos y anotando en sus libretas. Los entrenadores—"los buscones"—observan con aun más cuidado, después de todo han invertido miles de dólares e incontables horas en estos chicos; si alguno de los jugadores recibe una oferta en Las Mayores, los buscones querrán al menos un 30 por ciento de la bonificación, con bonos que ascienden a mas de un millón de dólares por los mejores prospectos . . . ¡Eso es una buena tajada!

Todos fanáticos del béisbol conocen el cuento de hadas del chico dominicano que caminaba descalzo usando cajas de leche a modo de guante, un palo de escoba a modo de bate y unos limones metidos en medias para simular la pelota . . . y que se convirtiera en un "Big Papi," Vlad Guerrero . . . o Bartolo Colón. Pero el hada madrina en esta his-

Había una vez, Bartolo Colón estaba justo un pequeño muchacho que jugaba el béisbol en la República Dominicana.

La República Dominicana tiene mucha pobreza, pero también es rica en cultura.

toria, la que se encargara de la mágica transformación, es "el buscón"—¡y muchas veces es más bien el villano de la historia!

Los buscones mienten con frecuencia sobre la edad de sus jugadores (legalmente no se puede contratar a un chico en las Grandes Ligas a menos que tenga 16 años cumplidos). A veces estas personas sacan a los chicos del colegio para inyectarlos con esteroides y forzar sus cuerpos a crecer; toman comisiones sobre los *contratos* de los chicos sin que ellos se enteren, y en ocasiones sobornan a los cazatalentos (por lo

que muchos de ellos han perdido su trabajo con Los Yankees, Medias Rojas y algunos equipos nacionales).

Los cubanos trajeron el béisbol a la Isla a finales del siglo 19 y para los años 40, se había convertido en el pasatiempo nacional. Pero hasta 1961, solo ocho dominicanos jugaban en Las Grandes ligas, comparado con los 87 cubanos. Luego Cuba se volvió comunista, separándose de los Estados Unidos, y ahora República Dominicana tenía su oportunidad de brillar en el béisbol mundial.

"No estoy seguro como empecé," comentó Epy Guerrero, quien fundó la primera academia de béisbol del

Esteroides

Los más comunes dentro de las drogas que realzan el rendimiento son los esteroides anabólicos. Estos químicos son similares a la testosterona que es la hormona masculina naturalmente producida por el organismo para ayudar y estimular el crecimiento de los músculos. Esa es la razón por la cual cuando un deportista toma esteroides anabólicos recibe un impulso en su velocidad y fortaleza mayor que lo que el cuerpo puede producir por si mismo. Las Grandes Ligas tanto como las otras organizaciones del deporte consideran que este consumo es hacer trampa.

Los esteroides pueden causar un alza poco saludable en los niveles de colesterol y presión sanguínea, lo que estresa al corazón, posibilitando enfermedades coronarias. En grandes dosis, pueden también causar falla hepática y tiene un efecto negativo en los niveles de azúcar en la sangre, causando problemas similares a los de la diabetes.

Si un adolescente (típicamente alguien menor de 17 años) consume esteroides anabólicos, los riesgos son frecuentemente mucho peores, pues éstos interrumpen e inhiben el crecimiento de los huesos con resultantes crecimientos atrofiados. Adicionalmente, los riesgos para el hígado y corazón son mayores debido a que estos órganos en un adolescente no están completamente maduros y son mas susceptibles al daño que los esteroides pueden producir. De hecho su consumo expone a problemas sicológicos que generalmente comienzan con agresividad pero con mucha frecuencia conlleva a situaciones aún más delicadas. Considerando estos riesgos para la salud, y el hecho de que los esteroides son casi universalmente prohibidos por las organizaciones deportivas, no deberían ser usados excepto por aquellos que tienen condiciones médicas legítimas que requieran su consumo.

país en Villa Mela en 1973. "Tal vez fue inspiración de Dios. Me dije a mi mismo, ¡Si estos chicos tienen quien les enseñen podrían lograrlo!"

Habiendo sido parte de las *Ligas Menores*, Guerrero tuvo la idea mientras cazaba talentos para Los Astros. La academia empezó como un pequeño campo y una casa para él y sus jugadores en un trozo de jungla despejado; pero para el 78, Los Blue Jays de Toronto usaban sus ya expandidas instalaciones y Epy contrató a mas de 60 beisbolistas que llegarían a Las Mayores. Otros equipos empezaron a buscarlo, especialmente Los Dodgers. Hoy 29 equipos de las Grandes Ligas tienen academias

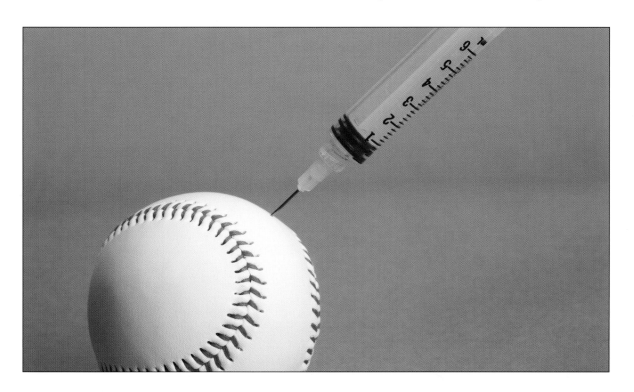

Un beisbolista que toma esteroides anabólicos recibe un impulso en su velocidad y fortaleza mayor que lo que el cuerpo puede producir por si mismo—¡pero este consumo es hacer trampa!

dominicanas, pero las instalaciones de Los Dodgers construidas en lo que alguna vez fue un campo cañero, sería la primera de su clase.

Al principio, los equipos contratarían jugadores por US$2,000 con un bono de US$500 para "el buscón," pero eso cambió en los 90s, cuando el lanzador Ricardo Aramboles fue contratado por US$1 millón. De pronto los mejores prospectos tenían seis o siete ceros a la derecha y los buscones ganarían mucho dinero, abriendo así las puertas a los avaros que estaban listos para aprovecharse del sistema. Sin embargo hoy por hoy mientras la gente en el mundo entero presta más atención a los beisbolistas dominicanos, más buscones están abriendo y operando como entrenadores y agencias legales.

Rob Ruck, autor del libro *El Trópico de Béisbol*, comenta, "Algunos buscones son realmente chacales que exprimen al máximo a los jugadores, pero otros maximizan las oportunidades de chicos que no tienen alternativas ideales." Y, a pesar de la corrupción, los cuentos de hadas si se hacen realidad para algunos chicos como Bartolo Colón, quien logró grandes cosas en el mundo del béisbol.

Capítulo 2

COMIENZOS

Bartolo Colón nació el 24 de mayo de 1973 en Altamira en la República Dominicana. Esta ciudad tiene una población de unos cuantos miles de personas.

La familia de Bartolo vivían en una casa sin agua potable ni electricidad. Su padre, Miguel, trabajaba en una granja. A veces Bartolo le ayudaba en los sembrados y bosques fru-

tales; su papá le enseñó el trabajo duro y el amor por el béisbol.

De niño Bartolo jugaba lo más que podía y se volvía cada vez más habilidoso. En su adolescencia trabajaba

En 1994, Colón jugó para Los Indios de Kingston, que juegan en la Liga "A" de Carolina.

con más empeño para llamar la atención de los cazatalentos de las Grandes Ligas.

En 1989, uno cazatalentos de Cleveland lo vio jugar en un partido de Ligas Juveniles, pero el cazatalentos no lo contrató, lo que le hizo pensar que Las Mayores jamás lo contratarían.

Luego, en 1993, Los Indios de Cleveland lo contrataron para las Ligas Menores. Él había dicho que tenía 18 años, pero en realidad tenía 20. Quería parecer un mejor jugador por ser más joven. Su verdadera edad solo se supo hasta el 2002.

Ahora tenía oportunidad de ganarse la vida con el béisbol y de llegar a Las Mayores. Estaba a punto de ver su sueño hacerse realidad.

En 1994 logró su primera oportunidad de jugar, cuando Cleveland lo llamó para la Liga Novata, de manera que no tendría que ir a los campos de entrenamiento, pero si tendría que trabajar duro. ¡Tendría oportunidad de jugar en Las Mayores y no lo iba a desperdiciar!

Jugando en Las Menores

Colón jugó para Los Indios de Burlington en 1994, lanzando en 12

Con Los Indio, Colón finalmente había llegado a las Mayores, logrando su sueño de niño.

partidos y ganado un promedio de carreras de 3.14.

El 95 fue un gran año. Jugó para Los Indios de Kingston, que juegan en la Liga "A" de Carolina; allí picheó 21 partidos para el equipo y tuvo un ERA de 1.96. A fines de temporada fue nombrado Pitcher del Año en la Liga de Carolina.

El siguiente año, jugó para dos equipos, empezando la temporada con Los Indios de Canton-Akron, un equipo "AA," donde lanzó en 13 partidos y 62 entradas, permitiendo 44 bateos, con un ERA de 1.74. Más adelante durante esa misma temporada, se mudó a los Bisontes de Búfalo y lanzó en otros ocho partidos.

Mudándose a Las Mayores

En 1997, Bartolo finalmente tuvo la oportunidad de jugar en las Grandes Ligas. Empezó la temporada con Los Bisontes de Búfalo, pero solo picheó en 10 partidos; después de lo cual Cleveland lo llamó a Las Mayores. Picheó para Los Indios de Cleveland en 19 partidos, con un ERA de 5.65.

Finalmente había llegado a Las Mayores, logrando su sueño de niño. Estaba listo para mostrar el buen lanzador que podía ser. Estaba listo para dar lo mejor de sí en la siguiente temporada.

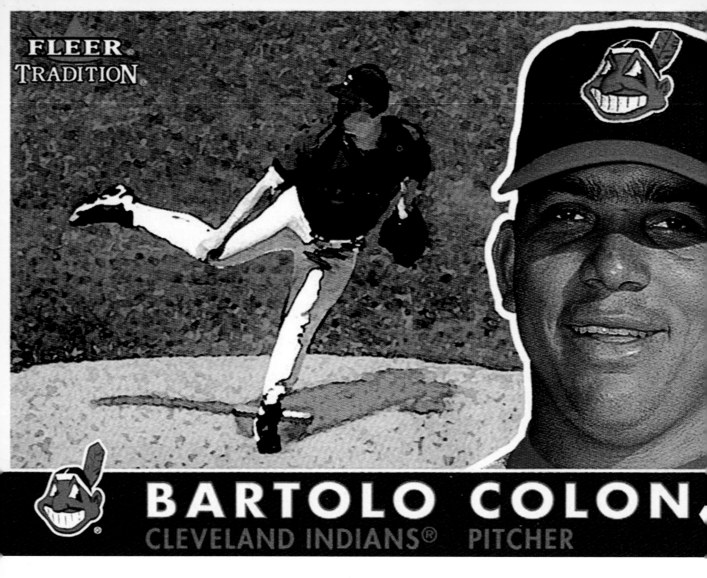

BARTOLO COLON,
CLEVELAND INDIANS® PITCHER

Capítulo 3

COLÓN EN
CLEVELAND

Colón trabajó duro para llegar a Las Mayores; había jugado bien por años en las menores y ahora jugaría su primera temporada con Los Indios.

En 1998, picheó en 31 partidos para Los Indios, logrando 158 ponchadas y un ERA de 3.71. Entonces, en el 99, Colón picheó en 32 partidos.

Jugando para Cleveland

En 1998, picheó en 31 partidos para Los Indios, logrando 158 ponchadas y un ERA de 3.71. Lo hizo tan bien que fue elegido para participar en su primer Juego de Las Estrellas.

Los Indios lo hicieron muy bien también; ganaron 89 partidos y perdieron 73 durante la temporada regular y terminaron de primeros en la División Central de la Liga Americana. En la división de series, le ganaron a Los Medias Rojas de Boston—pero luego, en la serie del campeonato, perdieron ante Los Yankees de Nueva York, 2–4. . . . ¡La temporada se había terminado para Los Indios!

En el 99, Colón picheó en 32 partidos para Cleveland con un ERA de 3.95, logrando 161 ponchadas. Este fue otro gran año para el equipo; ganó 97 partidos y perdió 65, terminando en primer lugar en la División Americana de la Liga Central por segundo año seguido. Inmediatamente después enfrentaron de nuevo a Los Medias Rojas en la serie de *divisiones* de la Liga Americana, pero esta vez perdieron, 2–3, quedando de segundos. La postemporada de Bartolo se había terminado por ese año.

En el 2000, Colón picheó en 30 partidos con 212 ponchadas y un ERA de 3.88. Sin embargo, Los Indios no lo hicieron tan bien como el año anterior, terminando de segundos en la Liga American Central. No llegaron a los juegos de invierno; tendrían que volverlo a intentar en el 2001.

En 2001, Bartolo jugaría toda la temporada con Cleveland, lanzando en 34 partidos, con 201 ponchadas y un ERA de 4.09. Fue un mejor año para el equipo que ganó 91 partidos y perdió 71 . . . terminaron de primeros en la Liga

Colón empezó el 2002, lanzando con Los Indios de Cleveland.

En 2003, Colón tuvo otro equipo nuevo—Los Medias Blancas de Chicago.

Americana Central. Ésta vez en la serie de divisiones se enfrentaron y perdieron ante Los Marineros de Seattle después de cinco partidos, con un puntaje de 2–3. La temporada de Cleveland había terminado—y nuevamente no llegaron a la Serie Mundial.

Cambiando Equipos

Colón empezó el 2002 con Los Indios de Cleveland, lanzando en 16 partidos, pero a mediados de temporada, el equipo lo negoció con Los Expos de Montreal, con quienes terminó el año, lanzando en 17 partidos, con un ERA de 2.93 y 149 ponchadas.

Entonces, muy a principios del 2003, Montreal lo cambió de nuevo, pero esta vez a los Medias Blancas de Chicago con quienes picheó en 34 partidos y tuvo un ERA de 3.87 y 173 ponchadas.

Al terminar el año estaba libre de contrato. Había jugado con tres equipos en dos temporadas y ahora se iba con otro equipo para la siguiente.

Capítulo 4

MUDÁNDOSE
A LOS ÁNGELES

Bartolo terminó firmando contrato por US$51 millones con Los Angelinos de Los Ángeles, por cuatro temporadas. Él y su familia estaban emocionados . . . ¡el chico dominicano de los barrios pobres de Quisqueya era ahora millonario!

Jugando en Los Ángeles

En el 2004, Bartolo tuvo un comienzo lento, pero a mediados de verano estaba haciéndolo mucho mejor, lanzando en 34 partidos y terminando la temporada regular con 158 ponchadas y un ERA de 5.01. Al equipo también le fue bastante bien. Después de ganar 92 partidos y perder 70, eran primeros en la Liga Americana del Oeste; desafortunadamente, perdieron frente a los Medias Rojas en tres partidos.

Sin embargo el 2005, fue otro gran año para Colón al igual que su equipo, lanzando en 33 partidos para Los Ángeles en la temporada regular, con 157 ponchadas y un ERA de 3.48. El beisbolista fue elegido para ir al Juego de Las Estrellas y al final de la temporada regular, ganó el Premio Cy Young de la Liga Americana. Mientras tanto, su equipo ganaba 95 partidos y perdía 67, para terminar en primer lugar en la División Occidental de la Liga Americana, yendo a la serie de divisiones para enfrentar a Los Yankees de Nueva York, a quienes les ganaron, 3–2. Sin embargo, en la serie de campeonato, perdieron frente a Los Medias Blancas de Chicago, quienes terminaron ganadores de la Serie Mundial.

Este año Colón se lastimó el hombro en un juego contra Los Yankees. Debido

Colón firmó un contrato por US$51 millones con Los Angelinos de Los Ángeles.

a esa lesión, no pudo jugar mucho en el 2006, lanzando solamente 10 partidos durante toda la temporada.

Los Ángeles lo hicieron bien sin él, pero no tanto como el año anterior, ganando 89 partidos y perdiendo 69. Quedaron en segundo lugar en la Liga Americana Occidental.

Su hombro le seguía molestando el año siguiente, pudiendo lanzar en 19 partidos para Los Ángeles y logrando 76 ponchadas durante la temporada 2007;

El año de 2007 fue difícil pero Colón todavía probó su talento.

su ERA fue de 6.34. El equipo lo hizo mejor ese año que el anterior y terminaron de primeros en la Liga Americana Occidental con 94 victorias y 68 derrotas. Enfrentaron a Los Medias Rojas en la serie de divisiones, pero perdieron en tres partidos.

De Acá para Allá

Al final de 2007, Colón estaba libre de contrato. Su hombro le causaba mucho dolor y no podía jugar como solía hacerlo.

En febrero del 2008 firmó contrato en las Ligas Menores con Los Medias Rojas de Boston y empezó la temporada en un campo de entrenamiento del equipo. Después de pichear un "one hitter" en un partido en mayo, Los Medias Rojas lo llamaron de vuelta a Las Mayores. ¡Había probado ser todavía un excelente lanzador, incluso con un hombro dolorido! Terminó el resto de la temporada con Boston.

En septiembre Colón dejó a los Medias Rojas y se fue a la República

Colón juega para su país contra Cuba en el "World Baseball Classic."

Dominicana. Estaba cansado y quería ir a casa. Inicialmente la idea era un viaje corto, pero terminó quedándose más tiempo, así que le dijo al equipo que debía encargarse de algunos asuntos personales. Esto no les gustó a Los Medias Rojas, quienes lo suspendieron y lo anotaron en la lista de restringidos. Su tiempo con Los Medias Rojas se había terminado y estaba libre de contrato nuevamente.

En el 2009, firmó con Los Medias Blancas de Chicago de nuevo, acordando jugar con el equipo por un año por un valor de US$1 millón. Bartolo lanzó en 12 partidos con un ERA de 4.19 y 38 ponchadas, pero su temporada terminó pronto cuando se lastimó el brazo y el hombro nuevamente. La lesión era bastante mala y necesitaría cirugía si querría jugar de nuevo.

Capítulo 5

BARTOLO COLÓN HOY

Colón se sometió a una cirugía de avanzada por su dañado brazo derecho. El médico tomó grasa de su propio cuerpo de donde extrajo "células madre" para luego inyectarlas en su hombro. Las células de su propio cuerpo ayudaron al hombro a sanar y repararse a si mismo.

Cuando la gente supo que se había operado, se preguntaban si había hecho algo legal; sospechaban que se había aplicado hormonas o esteroides como parte del tratamiento, lo cual es prohibido en los Estados Unidos (aunque la cirugía se llevó a cabo en la República Dominicana). Pero los médicos que llevaron a cabo la operación eran expertos y respetados en ese campo y declararon con insistencia que no habían usado substancias ilegales en el tratamiento del beisbolista.

A pesar de la controversia, otros jugadores estaban emocionados sobre las posibilidades de este tipo de cirugía. Otros lanzadores con hombros lesionados empezaron a buscar el procedimiento. Sabían que podría marcar una gran diferencia en sus carreras si podían lograr que las células de sus propios cuerpos sanaran sus hombros lesionados.

Jugando para Los Yankees

Entre tanto Colón estaba de regreso y listo para jugar. En enero del 2011 firmó con Los Yankees pero era un trato de Ligas Menores y tendría que probar en el entrenamiento de invierno que realmente estaba listo para jugar con el equipo para esa temporada.

Bartolo quería probarle a Los Yankees que estaba realmente listo para entrar de nuevo a las Grandes Ligas, así que llamó al entrenador de reserva Tony Peña y lo convenció de darle la oportunidad de pichear. Peña aceptó darle una oportunidad en un simulacro de 60 lances.

"Lanzó cinco entradas primero," dijo Peña. "Luego lo hizo cada vez mejor. Lo visto lanzar mejor que antes. El solía ser un buen lanzador, pero ahora era mucho mejor con bolas rápidas y curvas. . . . Ahí es cuando llamé a Los Yankees—y el resto es historia."

El entrenador de reserva de Los Yankees, Tony Peña.

¡Bartolo Colón ha probado al mundo que su carrera beisbolistica no ha terminado!

Colón llegó a la nómina de Los Yankees para la apertura y pasó con ellos el resto de la temporada. Lanzó en 29 partidos y tuvo 135 ponchadas, con un ERA de 4.00. ¡Incluso lanzó un "shut-out"! ¡Definitivamente su hombro estaba de regreso . . . igual que él!

El equipo también tuvo una gran temporada en 2011, terminando de primeros en la División Oriental de la Liga Americana después de ganar 97 partidos y perder 65. En la serie de divisiones, Los Yankees perdieron frente a Los Tigres de Detroit—y la primera temporada de Bartolo con el equipo había terminado.

Pero Colón ha probado al mundo que su carrera beisbolistica no ha terminado. Para finales de la temporada 2009, Los

Bartolo Colón todavía tiene partidos por jugar y premios por ganar. ¡Quién sabe lo que vendra para él!

Medias Blancas estaban felices de deshacerse de él, pensaron que era un jugador pasado a la historia, cuyo talento se había terminado. Pero ahora Los Yankees estaban emocionados de tenerlo. "Pienso que él ha sido nuestro pegamento," afirmó el entrenador de picheo Larry Rothschild, respecto a Colón. El manager de Los Yankees, Joe Girardi, estuve de acuerdo y afirmó, "Ha sido enorme para nosotros. No teníamos expectativas sobre el durante el entrenamiento de primavera y ha resultado ser la sorpresa de primavera más grande para nosotros."

¿Qué Sigue?

Bartolo Colón ha hecho grandes cosas en el béisbol y ahora protagoniza un sorprendente regreso. Pero el béisbol no es lo único importante para él. Su familia y su país lo son también.

Bartolo vive con su esposa Rossana en el estado de Nueva York. Tienen tres hijos. Aunque sus vidas están en Estados Unidos, él jamás olvida su tierra natal y lleva a cabo muchas obras benéficas en Altamira.

Trabajó duro para pasar de soñar con jugar béisbol a realmente hacerlo en las Ligas Grandes; pasó años mejorando en las menores y luego tuvo que superar lesiones serias que amenazaban terminar con su carrera . . . y hoy ha llegado a la cima del mundo del béisbol.

Aún tiene logros por alcanzar. Todavía no ha lanzado en las Series Mundiales. Tiene partidos por jugar y premios por ganar.

Nadie sabe lo que vendrá para Bartolo Colón, pero es seguro que trabajará duro para tener éxito en su carrera, dando lo mejor en el campo. Y sus admiradores siempre estarán ahí para verlo.

Descubra Más

Por Internet

Historia del Béisbol Dominicano

www.misterdeportes.com/no11/art05.htm

Kidzworldespañol

www.kidzworldespanol.com/articulo/2293-grandes-momentos-beisbol

LIDOM

www.lidom.com.do

MLB

mlb.mlb.com/es/index.jsp?c_id=mlb

En los Libros

Cruz, Hector H. *Béisbol Dominicano: Orígenes, Evolución, y Héroes.* Santo Domingo, D.R.: Alfa y Omega, 2006.

Kurlansky, Mark. *Las Estrellas Orientales: Como el Béisbol Cambio el Pueblo Dominicano de San Pedro de Macorís.* New York: Riverhead Books, 2010.

Wendel, Tim. *Lejos de Casa: Jugadores de Béisbol lations en los Estados Unidos.* Washington, D.C.: National Geographic, 2008.

Glosario

agente libre: Un jugador que al momento no tiene contrato con equipo alguno.

carreras impulsadas (RBI): Número de puntos que obtiene un bateador por lograr una anotación para su equipo.

cazatalentos: Personas a cargo de encontrar los mejores jugadores jóvenes para adherirse a los equipos para los cuales trabajan.

contrato: Un compromiso por escrito entre el jugador y el equipo en el que se registra la ganancia que devengará el beisbolista y la cuantía de tiempo.

cultura: La identidad de un grupo de gente que incluye gustos, creencias, idioma, comida, y arte.

defensa: Jugar evitando que el otro equipo anote, incluyendo las posiciones de jardín externo e interno, pitcher, y catcher.

división: Un grupo de equipos que compiten por el campeonato; en las Ligas Mayores, las Divisiones están determinadas por su ubicación geográfica.

firmar: Estar de acuerdo con lo contratado por algún equipo en particular.

gerente general: La persona a cargo de la dirección administrativa del equipo de béisbol, y quien es responsable de guiarlo.

herencia: Algo que se pasa desde las generaciones anteriores.

Juego de las Estrellas: El torneo jugado en julio entre los mejores jugadores de cada una de las dos ligas dentro de Grandes Ligas.

Ligas Mayores de Béisbol (MLB): El más alto nivel de béisbol profesional en los Estados Unidos y Canadá.

Ligas Menores: El nivel de béisbol Professional inmediatamente anterior a las Ligas Mayores.

lista de lesionados: Lista de jugadores que se han lesionado y no pueden jugar por algún período de tiempo no determinado.

negociar: Hacer un acuerdo con otro equipo para intercambiar jugadores.

novato: Jugador en su primer año dentro de las Ligas Mayores.

ofensiva: Jugar para anotar carreras estando al bate.

playoffs: Series de partidos que se juegan al final de la temporada regular para determiner quien ganará el campeonato.

profesional: Nivel de béisbol en que el jugador recibe remuneración.

promedio de bateo: Una estadística que mide la calidad del bateador, calculada al dividir el número de bateos logrados por las veces que toma el bate.

31

Índice